EXPLICATION DES OUVRAGES

DE

PEINTURE,

SCULPTURE, ARCHITECTURE.

Gravure et Lithographie

DE L'EXPOSITION

DE LA

Société des Amis des Arts

DE DIJON,

ouverte au Musée de cette ville le 10 août 1837.

PRIX : 50 CENT.

DIJON,

IMPRIMERIE DE SIMONNOT-CARION.

1837.

AVIS.

Pour la plus grande sûreté des ouvrages d'arts que renferme le Musée, il a été établi à la porte d'entrée des préposés à qui on peut confier les cannes et les parapluies qu'il est nécessaire de déposer avant d'entrer, ainsi que tous les objets portatifs qui pourraient nuire à la circulation.

L'exposition est ouverte au public les dimanche, lundi, mardi et mercredi, de onze heures du matin à trois heures de l'après-midi ; le jeudi est employé au frottage et au nettoiement ; les vendredi et samedi sont réservés pour les sociétaires, les exposans et les étrangers, sur l'exhibition de leurs passeports.

AVERTISSEMENT.

Ce LIVRET contient cinq divisions indiquées en titre, ainsi qu'en haut des pages par l'un de ces mots : Peinture, Sculpture, Architecture, Gravure *et* Lithographie. *Les Dessins sont compris dans la division de la Peinture.*

Dans chacune des cinq divisions, on a placé par ordre alphabétique le nom des Artistes.

*Les * placés au commencement des articles indiquent que les objets appartiennent aux Artistes, et qu'il faut s'adresser au Président de la Société des Amis des Arts pour en connaître le prix.*

N. B. Le numérotage des tableaux, dessins, etc., qui dépendent de l'exposition, est fait sur un papier de teinte roussâtre ; et, pour éviter toute méprise entre ces ouvrages et ceux qui appartiennent au Musée, on a, de plus, fait précéder chaque numéro de la lettre E, initiale du mot Exposition.

EXPLICATION

DES OUVRAGES

DE PEINTURE, SCULPTURE, ARCHITECTURE,

Gravure et Lithographie

EXPOSÉS AU MUSÉE DE DIJON LE 10 AOUT 1837.

PEINTURE.

MM.

ARSON (Mlle O.), 22, r. Tiquetonne, à Paris.

1 — Fleurs; aquarelle.

AUDIFFRED (Édouard), à Dijon.

2 — Le bourg d'Oysans (Isère); aquarelle.

3 — Vue prise près de Sisteron (basses-Alpes); dessin au crayon.

4 — Vue prise de Mornex (Savoie); idem.

BELLAY, de Lyon.

5 — Un cheval sellé et bridé, tenu par un palfrenier.

BERNARD (T.), 88, r. de Richelieu, à Paris.

6 — *Vaches au pâturage.

7 — *Paysages avec animaux.

BERTIER (Eugène), quai St.-Michel, à Paris.

8 — La Consultation.

BERTIN (Jean-Victor), 6, r. Boucher, à Paris.

9 — *Vue d'un couvent à Subiaco, 45 milles de Rome, états du Pape.

10 — *Intérieur de forêt dans la Lombardie.

11 — Site d'Italie.

12 — Idem.

13 — Site de la Phocide.

Le territoire est arrosé par le Céphise; la chaîne de montagnes qui occupe le fond du tableau sépare la Phocide de la Thessalie. Sur le premier plan, de jeunes bergers s'exercent à la course. Le site est éclairé par le soleil du matin.

BÉTANCOURT (E.), à Boulogne-sur-Mer, et à Paris, 17, r. Ferou.

14 — Une forêt; étude.

BIDAULD (J.), 52, rue de l'Arbre-Sec, à Paris.

15 — Vue de la vallée de Montmorency, peinte d'après nature au soleil couchant; prise de la terrasse du petit Mont-Louis. J.-J. Rousseau fait danser de jeunes paysannes.

BIZARD, professeur de dessin et dessinateur-lithographe, à Semur.

16 — * Vue du château de Chastellux ; dessin au crayon.
17 — * Vue du château de Bourbilly, id.
18 — * Vue de Semur, id.
19 — * Abside de l'église N.-D. de Semur, id.
20 — * Écluse d'un foulon, id.
21 — * Vue prise à Souhey, id.
22 — * Deux lavis à la sépia, sous le même numéro.
23 — * Deux aquarelles, id. id.
24 — * Quatre dessins au crayon, id. id.

BOICHARD, à Bourges.

25 — Le Gué.
26 — Paysage.

BOISSARD (Yves), à Dijon.

27 — Étude de sapins, dessin à la mine de plomb.
28 — Un vieux château, idem.
29 — Six croquis, idem, sous le même numéro.

BOROT (Mlle Armande), rue des Godrans, à Dijon.

30 — Deux cadres de fleurs peintes à l'aquarelle, sous le même numéro.

BOUCHET (Camille), 17, r. des Beaux-Arts, à Paris.

31 — Vue d'une ancienne fortification, dans la principauté de Monaco, paysage maritime.

32 — Portrait de Mlle....

BOUDAIR, pofesseur de dessin à l'école des Beaux-Arts de Dijon.

33 — Portrait de M. M....

34 — La bonne Mère.

35 — La Coquette.

BOUHOT, professeur de l'école de dessin, à Semur.

36 — Intérieur de la grande salle de l'Archevêché de Rheims.

37 — Vue prise à Rouen.

38 — Intérieur d'une cour dans Paris.

39 — Vue de l'église et place de Charonne, près Paris.

BOURGEOIS (Isidore), 10, r. Montbauron, à Versailles.

40 — *Vue de Rouen, prise de la côte Ste.-Catherine; aquarelle.

41 — *Idem, prise à Cernay, vallée de Dampierre; idem.

42 — *Moulin Hollandais; idem.

43 — *Vue prise dans la vallée de Dampierre; idem.

BOURJOT, à Paris.

44 — *Intérieur du quartier de cavalerie à Melun; dessin lavis.

45 — *Idem d'une mosquée à Alger.

46 — *Le village de Meilly, en Bourgogne.

47 — *Patrouille de gendarmes.

CAILLOT, 35, r. de la Harpe, à Paris.

48 — *Vue prise aux environs de Fontainebleau.

CAPPUS (Jean-Louis), à Dijon.

49 — Un vase de fleurs en cire.

CHALAMET, 2, r. de Paradis-Poissonnière, à Paris.

50 — *Intérieur d'atelier, avec figures.

CHARPENTIER (Eugène), 23, r. Servandoni, à Paris.

51 — *D'Alembert.

Dans le courant de novembre 1717, on trouva sous le portail de Saint-Jean-le-Rond, au parvis Notre-Dame, un enfant qui venait de naître; les personnes qui passaient s'arrêtèrent et formèrent un cercle autour de cet infortuné. Le commissaire du quartier arrive et veut l'envoyer à l'hôpital; une femme, une pauvre vitrière, qui se trouvait parmi les assistans, prend intérêt à cet enfant et demande à s'en charger. Le commissaire y consent, et lui donne le tribut d'éloges dû à son humanité. Cet enfant était d'Alembert.

CHEGNAY (Henri), 24, r. de la Michaudière, à Paris.

52 — * Paysage; sortie d'une forêt.

COIGNET (J.), 4, place de la Bourse, à Paris.

53 — Un paysage.

COLIN, à Nîmes.

54 — *Don Juan et Haïdée.
(Lord Byron, chant 4.)

55 — * Child-Harold.
(Lord Byron, chant 1er.)

COTALORDA (Mlle Eugénie), à Dijon.

56 — Deux tableaux de fleurs, sous le même numéro; peinture orientale.

COTELLE (Adrien), 18, r. Bergère, à Paris.

57 — * Vue de Grandville, côte de Normandie.

COUTURIER (N.), directeur de l'école de dessin, à Châlon-sur-Saône.

58 — Portrait de Mme...

59 — Idem de Mme...

COUTURIER (Félix), 25, r. Ste.-Apolline, à Paris.

60 — *Vue prise à la Celle St.-Cloud, près Paris.

COUVELEY, 14, r. de Chabrol, à Paris.

61 — *Vue de Bretagne.

CURIE (Mlle A.), 6, r. d'Enghien, à Paris.

62 — *Paysage.

D..... (Mme), à Dijon.

63 — Scène du Tartufe, d'après Monvoisin.
64 — Fuite de Marie Stuart du château de Loch-Leven, d'après une eau forte.
65 — Scène du roman de Kenilworth, d'après une gravure des œuvres de Walter-Scott.
66 — Petite tête de la sœur de Didon, d'après un trait lithographié de Dévéria.

D'A... (Mme I.), à Dijon.

67 — Pâturages normands, d'après M. J. Coignet.
68 — Cascade du Reichenbach, d'après une aquarelle d'un peintre suisse.
69 — Le Saut du Doubs, d'après nature.
70 — Grotte et cascade du Giesbach.
71 — Vue du Simplon, d'après J. Coignet.
72 — Danse devant une auberge suisse.
73 — Prédication.

DARBOIS (Mme), à Dijon.

74 — Portrait de Mme O..., miniature.
75 — Idem de Mme S..., idem.
76 — Idem de Mme D..., idem.
77 — Idem de Mme P..., idem.
78 — Idem des enfans de Mme G..., idem.
79 — Idem de M. D..., idem.
80 — Idem de M. le comte de L..., idem.

81 — Idem de Mme O..., idem.

Les portraits ci-dessus ont tous été aux expositions du Louvre.

82 — Portrait de M. C..., dessin à l'estompe.

83 — Idem de M. D..., idem.

84 — Idem de M. G..., idem.

85 — Idem de Mme la comtesse de B..., idem.

86 — Idem de Mlle S., idem.

87 — Bataille de Sénef, copie réduite au quart, d'après B. Gagneraux.

DARBOIS (Pierre), professeur de sculpture à l'école des Beaux-Arts de Dijon.

88 — Vénus sortant du bain, aquarelle-miniature.

89 — Dédale et Icare, idem.

90 — Gabrielle de Vergy, idem.

91 — Corine en Écosse, idem.

92 — Une Sainte-Famille, d'après Carlo-Dolci, miniature.

93 — Une Vénus, d'après Jean de Hemmessen, idem.

94 — L'Hymen veut retenir l'Amour, idem.

DAUPHIN, 7, r. du Perche, à Paris.

95 — Apprêts de la sépulture.

96 — Un portrait de femme.

97 — Chûte d'un bateau à la cascade de Terni (Italie).

Une ancienne tradition du pays rapporte que des capucins et une jeune femme allaitant un enfant se présentèrent pour passer le torrent, un jour que le vieux batelier était absent. Le fils prit la place de son père pour guider la barque à l'autre rive du Velino. Mais ce jeune homme inexpérimenté perdit malheureusement sa rame, laissa aller à la dérive le bateau, qui fut entraîné et précipité pour n'être plus revu.

DELAVAL (P.-L.), 16, r. de Courcelles, à Paris.

98 — * Psyché et l'Amour.

Le moment représenté est celui où l'amour abandonne Psyché.

DELIONS, de Melun.

99 — * Relais de chasse.

100 — * Chasse à course.

DESCEMET (Mlle Herminie), 12, rue Neuve-St.-Étienne-du-Mont, à Paris.

101 — Anne d'Autriche et Marie de Gonzague.

Après l'émeute de Cinq-Mars, en 1642, Anne d'Autriche, rentrée dans son appartement, se laisse aller à de tristes souvenirs et révèle à Marie l'amour de Buckingham : « Oui, « je le dis à toi, je l'ai aimé, je l'aime encore dans le passé « plus qu'on ne peut aimer d'amour. Eh bien ! il ne l'a « jamais su, jamais deviné. Ce visage, ces yeux ont été de « marbre pour lui, tandis que mon cœur brûlait et se « brisait de douleur. Mais j'étais reine de France.... »

DEVOSGE (A.), directeur de l'école des Beaux-Arts de Dijon.

102 — Aglaure tourmentée par l'Envie (Métamorphoses d'Ovide); projet de tableau.

103 — Vertumne et Pomone, projet de tableau.

104 — Agar répudiée, id.

105 — Anacréon chantant ses poésies, id.

106 — La Sagesse conseille la Jeunesse, et le Plaisir l'entraîne; esquisse terminée.

107 — Anacréon couronné de fleurs par une jeune Athénienne; idem.

108 — Satan voulant s'emparer du corps de Moïse, pour porter les Juifs à l'idolâtrie, l'archange Saint-Michel l'en empêche, et lui dit : *Que le Seigneur exerce sur toi sa puissance, qu'il te commande; reconnais sa majesté et cède à ses ordres.*

109 — Plusieurs dessins (sous le même n°), dont les tableaux n'ont pas été exécutés.

DUBUISSON (N.), directeur des Beaux-Arts à Auxonne et ancien peintre de la cour du duc de Bavière, prince des Deux-Ponts.

110 — La nymphe Églé rencontre Silène, lui fait lier les mains, et lui barbouille la figure avec des mûres; dessin.

111 — Septime Sévère, mécontent de la conduite de Caracalla, son fils, le fait venir et lui dit : « Prenez ce fer et ôtez-moi la vie; « ou, si la honte vous retient, dites à Papi- « nien de vous défaire de moi. » *Dessin d'un tableau exécuté pour la cour de Bavière.*

112 — Une pluie lointaine.

113 — Un soleil couché.

113 *bis* — Quatre dessins d'ornement, sous le même numéro.

DUCHESNE (A.), 18, r. Basse-du-Rempart, à Paris.

114 — Repos en Égypte.

DUCLUSEAU (Mlle Zodalie-Michel), 8 ter, r. de Furstemberg, à Paris.

115 — A la grâce de Dieu.

DUCORNET, né sans bras, 11, r. de Lille, à Paris.

116 — *Les Maraudeurs.

DUPLAT (L.), 9, r. Poupée St.-André-des-Arcs, à Paris.

117 — *Vue prise dans le département de Seine-et-Oise. On aperçoit dans le fond les restes de l'ancien château de Montlhéry.
118 — *La Métairie.
119 — *Vue à Beauverd.

ESBRAT, 6, r. Coquenard, à Paris.

120 — Vue de Normandie.
121 — Idem, idem.

FAGET (Mlle Athalie du), 74, r. du Faubourg-Poissonnière, à Paris.

122 — *L'Entretien.
123 — *Le prétexte d'un rendez-vous.

FAGET (du) père.

124 — *Pâris et Hélène; peinture sur *porcelaine*.

FAURE (Amédée), 14, rue de Chabrol, à Paris.

125 — *Paysage maritime.

FINART (D.), 8, r. de Hanovre, à Paris.

126 — Halte d'Arabes.

127 — Paysage avec figures et animaux.

128 — Sujet calmouk.

129 — Paysage avec figures et animaux dans une prairie : effet de soleil couchant.

FOULLEUX (Jules).

130 — Portrait de Mlle Constance F.... ; dessin à la mine de plomb.

131 — Idem de M. Th...., idem.

132 — Idem de M. Fl....., idem.

133 — Idem de M. Ta...., idem.

FOUQUET (L.-V.), 67, r. de Chabrol, à Paris.

134 — *Les deux orphelines.

FOURNIER (Charles), 12, r. des Saints-Pères, à Paris.

135 — *Repos de la Sainte-Famille.

FRANCK (Philippe), 20, r. des Fossés-M.-le-Prince, à Paris.

136 — *L'Amour tourmentant l'ame.

F. (Mme de la), à Semur.

137 — Le portement de la Croix, d'après le tableau de Sebastiano Piombo, qui est à Milan.

FRILLIÉ (Félix), élève de l'école de Dijon, pensionné à Paris par le département.

138 — Son portrait par lui-même.

139 — Sainte-Famille; copie d'après Raphaël.

140 — Portrait d'un enfant.

GAGNERAUX (Bénigne), célèbre peintre Dijonnais, mort à Florence en 1795, âgé de 39 ans.

141 — Soranus, gouverneur d'une province romaine, accusé de concussion, fut appelé à Rome pour rendre compte de la manière dont il avait amassé sa fortune. Comme elle était immense, cela seul suffit pour le faire condamner. — Sa fille Servilie devait hériter de ses biens; mais on la condamna au même supplice que son père, comme accusée de sacrilége, ayant prédit que Néron périrait d'une mort violente. Ce tableau a obtenu le premier prix à Paris, à l'exposition de 1799. L'institut le jugea ainsi pour rendre hommage à la mémoire d'un peintre dont le talent n'était pas encore connu en France. Il avait été commandé par Mme Adélaïde, tante de Louis XVI, en 1792.

GAGNERAUX (Bénigne-Claude), 40, rue Berbisey, à Dijon.

142 — L'éducation de l'Amour.

143 — Numa-Pompilius et la nymphe Égérie; dessin original.

GARNERAY (L.), 19, passage Saulnier, à Paris.

144 — *Vue de la Tamise. Sur le premier plan est mouillé un vaisseau à trois ponts, ayant les voiles au sec; dans le fond on aperçoit les chantiers de construction.

GAUTHIER-STIRUM (N.), maire de Seurre.

145 — Œdipe accompagné de sa fille Antigone, quittant Thèbes après la découverte de son malheur et se dirigeant sur Colonos, bourg de l'Attique, près d'Athènes, pour y cacher ses chagrins et ses remords; miniature.

146 — Portrait d'une dame Vénitienne; idem.

147 — Portrait de M. Gauthier-Stirum, peint par lui-même; idem.

148 — Portrait d'un enfant qui s'endort en étudiant la grammaire à l'article du *que retranché*.

149 — Portrait de M. C. C., de Seurre.

150 — Un chasseur et son chien.

GÉRÉ, 5, r. de Bondy, à Paris.

151 — *Chaumière aux environs de Sens.

152 — *Ruines d'un ancien château en Normandie.

GIRARD (Pierre), 15, r. de Provence, à Paris.

153 — *Une forêt; effet d'automne; aquarelle.

154 — *Arbres et animaux.

GIROUX (André), 40, r. d'Enfer, à Paris.

155 — *Un paysage.

GOBERT, à Paris.

156 — Côte de Boulogne.
157 — Idem.

GOYET (J.-Be), 27 *bis*, r. de la Chaussée-d'Antin, à Paris.

158 — *Une jeune fille vendue par un pirate.
159 — *Un mariage de raison.

GOYET (Eugène), peintre d'histoire, 27 *bis*, r. de la Chaussée-d'Antin, à Paris.

160 — Portrait de M. T., bibliothécaire du roi, en costume de chasse.
161 — L'attente.

GOYET (Mme); médaille d'or, au salon d'exposition de 1837.

162 — Un portrait, dessin-pastel.

GUYOT, 10, r. de la Chaise, à Paris.

163 — *Vue du Dauphiné; paysage.
164 — *Vue d'Allevard (Isère).

H.... (Mlle), à Dijon.

165 — Portrait de Mme H......
166 — Idem de Mlle H., peint par elle-même.

HUBERT (J.-B.), 16, r. Taranne, à Paris.

167 — *Vue prise dans la vallée de Sole, à Fontainebleau; aquarelle.

HUBLIER (N.), 18, r. de l'École de Médecine, à Paris.

168 — Fleurs; aquarelle.

HUBLIER (Mme, née MAST), 18, rue de l'École-de-Médecine, à Paris.

169 — Fleurs; aquarelle.

HUET (Paul), 41, r. de Seine-St.-Germain, à Paris.

170 — Un parc; matinée du printemps.

JACQUAND (C.), 35, r. de l'Arcade, à Paris.

171 — *L'exhortation d'un condamné.

172 — *Saint-François de Paule écoute respectueusement la lecture d'une lettre de Louis XI, qui l'engage à venir à sa cour; il refuse de s'y rendre.

173 — *La Leçon pieuse.

KELLIN (N.), à Paris.

174 — *Vue de Venise; aquarelle.

L.... (Mme S... de), à Dijon.

175 — Portrait de Mme de T.....; aquarelle.

176 — Plusieurs sujets à l'aquarelle, sous le même numéro.

LABY, 18, r. Sainte-Anne, à Paris.

177 — * La sortie de l'église.

LAGIER (Firmin), à Dijon.

178 — Portrait de M. V....; dessin.
179 — Idem de M. N.....; idem.

LAJOYE, 9, r. du Puits-Vendôme, à Paris.

180 — *Le passage du bac.
181 — *Intérieur de la forêt de Fontainebleau.

LAJOYE (Mlle Honorine), 9, rue du Puits-Vendôme, à Paris.

182 — *Paysage composé; fixé.
183 — *Vue prise en Dauphiné; id.

LANCRENON (J.-Ferdinand), à Besançon.

184 — Le fleuve Scamandre.

Une jeune Troyenne venant trouver le fleuve la veille de ses noces.

185 — Alphée et Aréthuse.

Alors une sueur froide commença à se répandre sur tout mon corps; l'eau en dégoûtait de tous côtés; je me sentais environnée d'eau, il en tombait même de mes cheveux. Alphée, s'apercevant de ce changement, mêla ses eaux avec les miennes.

186 — * Scène tirée du Don Juan de lord Byron.

Haïdée se penche sur le visage de Don Juan, et le contemple en aspirant le souffle qui s'échappe de ses lèvres.

187 — Tête d'étude pour la jeune fille du Scamandre.

188 — Un portrait de femme.

LAPITO (A.), 69, r. Neuve-des-Petits-Champs, à Paris.

189 — *Vue du golfe de Valinco, en Corse.

LATTEUX (E.), 10, quai Pelletier, à Paris.

190 — *Saint-Laurent à Milan; aquarelle.

191 — *Vue de Sermione sur le lac de Garda; idem.

LAURE (Jules), 10, r. du Croissant, à Paris.

192 — *Hamelet, Horatio et le fosseyeur.

LAURENT (Mlle Julie), nièce de M. Cappus, à Dijon.

193 — Un vase en fleurs de batiste.

LECLERC (J.-B.), à Bèaune.

194 — Le départ pour la chasse aux environs de Beaune.

195 — *Le chevreuil aux abois.

196 — *L'hallali par terre.

197 — *Le retour de la chasse.

198 — Une tête de femme; étude.

199 — *Un petit Auvergnat.

LECURIEUX (Jacques), 17, rue des Beaux-Arts, à Paris.

200 — Phœbé, jeune fille du village de Casalbordino, dans le royaume de Naples.

201 — Gulnare.
(Byron.)

LEPRINCE (Léopold), 23, r. Rochechouart, à Paris.

202 — * Départ pour une promenade sur l'eau.

LERMIER, à Alençon.

203 — Un paysage.
204 — Idem, site montueux.
205 — Sept cartes avec paysage, dans un seul cadre.

L... (Mme), à Dijon.

206 — Deux fixés sous le même numéro.

LIGIER (Onésime), à Dijon.

207 — Scène de la guerre d'Afrique; copie.

LORAUX (L.), 18, r. Bergère, à Paris.

208 — * Vue prise à Valogne.

MAGNIEN (Mlle Hippolyte), élève de M. Devosge et de Mme Rude, 65, r. d'Enfer, à Paris.

209 — Portrait de Mme H.....
210 — Idem de Mme W......
211 — Loth et sa famille quittant Sodome, d'après Rubens.

MAILAND (Gustave), 34, r. de Lille, à Paris.

212 — *Vue du lac de Brientz.

213 — *Petite chapelle sur les bords de la Moselle.

MAISON (N.), à Paris.

214 — *Un paysage à la mine de plomb.

MALLARD (Paul), notaire à Pagney, arrondissement de Dôle.

215 — Un cadre renfermant quatre paysages à la mine de plomb.

MALLARMÉ (Mlle A.), à Dijon.

216 — Une jeune femme achevant sa toilette.

217 — Un portrait d'homme.

218 — Une tête d'étude représentant le délire.

MARTIN (Mlle Adèle), 3, r. Blanche, à Paris.

219 — *La mère malade.

MASSON (Francis), 4, boulevard Bourdon, à Paris.

220 — Vue prise à Autun.

MASSON (François), greffier du conseil de guerre, à Dijon.

221 — Oiseaux ; peinture orientale.

222 — Idem; idem.

223 — Fleurs; idem.

Deux cadres sous le même numéro.

MEYNIER (Mme Zoé), à Paris.

224 — * Mephéan et Madeleine; tiré du roman d'Alphonse Karr : *Sous les Tilleuls*.

225 — * Une femme caressant son enfant.

226 — * Sainte-Geneviève, patronne de Paris

MILON (Alex.-Pierre), 45, rue de Sèvres, à Paris.

227 — Vue d'une des anciennes portes de la ville de Dinan.

MONTBEILLARD (Léon de), à Semur.

228 — Quatre dessins, aquarelles et lavis, sous le même numéro.

MONTVOISIN (N.), à Semur.

229 — Intérieur gothique.

230 — Intérieur gothique.

231 — Motif pris à Semur; aquarelle.

MORIN (Paul), faubourg St.-Michel, à Dijon.

232 — Vue des environs de Neufchâteau.

233 — Id. de Villeneuve-lès-Avignon (croquis).

234 — Id. de Sisteron.

MULLER (Charles-Louis), 14, r. de Chabrol, à Paris.

235 — Une matinée du lendemain de Noël, en 1529.

MUTIN, 15, quai Bourbon, île Saint-Louis, à Paris.

236 — Un portrait de femme.

237 — Idem d'une femme âgée de 114 ans.

NAIGEON, conservateur du Musée du Luxembourg, 32, r. d'Enfer, à Paris.

238 — * Berceuse Napolitaine.

239 — * Paysanne de la campagne de Rome.

240 — Portrait de M. F. M....

N.... (Mme de), à Dijon.

241 — Plusieurs pages gothiques, sous le même numéro.

242 — Sujet traité dans le style des manuscrits du 15e siècle, représentant René d'Anjou, prisonnier dans la tour de Bar, recevant la visite de sir Érard du Châtelet, et lui montrant la devise des Oblies d'or.

NANTEUIL (C. Gaugiran), 69, r. Saint-Antoine, à Paris.

243 — *Les Musiciens ambulans.

PARIS, 17, r. de Crussol, à Paris.

244 — *Animaux féroces; étude d'après nature.

PERIGNON (A. Nicolas), 7 *bis*, r. Bergère, à Paris.

245 — *La clémence de Louis XII.

Ce prince, après avoir défait L. Sforce, qui avait soulevé les Milanais contre la France, pardonne aux révoltés, rétablit l'ordre, et fait réparer les malheurs de la guerre.

246 — *Léonard de Vinci démontrant son traité de perspective et de peinture à ses élèves et à quelques artistes de Florence.

PERNOT, 343, r. St.-Honoré, à Paris.

247 — *Usine sur les bords de la Marne.

248 — *Quatre dessins sous le même numéro.

PERROT (Ferdinand), 5 *bis*, r. de Larochefoucault, à Paris.

249 — *Vue de l'île de Capri (royaume de Naples).

250 — *Vue de l'embouchure de la Loire.

251 — *Vue prise de Naples près Chiaja.

PINCHON (J.-A.), 14, r. d'Enghien, à Paris.

252 — *La prière à la Vierge.

RAVERAT (Vincent-Nicolas), 17, r. des Vinaigriers, à Paris.

253 — Apothéose de St.-Vincent-de-Paule; destiné à l'hôpital de Moutier-St.-Jean, arrondissement de Semur-en-Auxois.

RICOIS, 3 *bis*, quai Voltaire, à Paris.

254 — *Vue du cours de la Seine, à Paris, près du Pont-Royal; effet de clair de lune.

255 — *Vue prise dans la forêt de Compiègne; effet du matin en automne.

RIGO (Jules), 27, r. Faubourg-Poissonnière, à Paris.

256 — Une Vision.

ROBILLARD (H.), 27, r. de Bellechasse, à Paris.

257 — Portrait de Ducornet, peintre, né sans bras.

ROUGET, 38, r. de Richelieu, à Paris.

258 — *Marie Stuart.

RUDE (Mme), 65, r. d'Enfer, à Paris.

259 — Entrevue de M. le prince (le Grand-Condé) et de Mlle duchesse de Montpensier, à l'hôtel du maître des Comptes de la Croix, après le combat de la grande barricade du faubourg St.-Antoine.

S...... (Mme de).

260 — L'effroi maternel, d'après le tableau original de J.-A. Franquelin.

SACCHETTI (N.), peintre décorateur à Dijon.

261 — Plan d'un plafond d'une grande salle, dessin à la plume, dont 1/4 est colorié à l'aquarelle.

SAGOT (Émile), architecte à Dijon.

262 — Restitution du Puits de Moïse, monument de l'ancienne Chartreuse de Dijon.

SCHMITZ, 12, r. Saintonge, à Paris.

263 — Les Fées; contes de Perrault.

SAINT-GÉRAND (Ch. de), à Autun.

264 — Vue du Rhin ; d'après Vandervelde.

STORELLI père, 387, r. St.-Honoré, à Paris.

265 — *L'entrée du port de Gênes.

266 — *Le plateau du Mont-Cenis ; aquarelle.

SWAGERS (Mlle Caroline), 14, r. de Paradis-Poissonnière, à Paris.

267 — *Une jeune rêveuse ; étude.

SZWEDKOWSKI, 5, cour du Dragon, à Paris.

268 — Sujet tiré de l'histoire de Pologne.

Zolkiewski, grand maréchal de Pologne, après avoir battu l'armée moscovite, marche sur Moscou, s'empare de Szuisky, czar de Moscovie, et fait proclamer à sa place Ladislas, fils de Sigismond III, roi de Pologne.

Zolkiewski, de retour à Varsovie, présente à Sigismond, au milieu de la diète assemblée au château royal, Szuiski et ses deux frères, en appelant sur eux la générosité du monarque ; les trois prisonniers tombent aux genoux de Sigismond et implorent sa clémence.

THIÉBAUD (Mlle), à Dijon.

269 — Trois cadres de fleurs ; peinture orientale.

V... (J.), à Corberon.

270 — Un clair de lune, d'après Jos. Vernet.

271 — La grotte, d'après M. le comte Turpin de Crissé.

272 — Pêcheurs sur une côte maritime, d'après....

VALDAHON (le marquis de), à Dôle, département du Jura.

273 — Sainte-Catherine de Cardonne.

Fille d'un duc de Cardonne, grand d'Espagne, Catherine s'enfuit du palais de son père à l'âge de 15 ans et se retira dans une caverne, près de l'Alcala, pour y vivre dans la solitude.

Sainte-Thérèse, qui a écrit la vie de cette sainte, raconte que le diable, sous les formes les plus effrayantes, apparaissait la nuit à la jeune ermite, pour la troubler dans ses pieuses méditations ; mais sa foi profonde la soutenait dans ces terribles épreuves.

Ce tableau sera offert à la cathédrale de Dôle, ville natale de l'auteur.

VALTON, 59, r. de Grenelle-St.-Germain, à Paris.

274 — Paysannes des environs de Troyes.

VANDER-BURCH (Jacques-Hippolyte), à Mont-Rouge, près Paris.

275 — Vue du pont de Salanches.

276 — Vue prise au village de l'hôpital Saint-Gothard.

277 — Souvenirs de la Provence (Deux tableaux dans un seul cadre).

VIARDOT (Léon), 52, r. St.-Lazare, à Paris.

278 — Portraits de Mme L.... et de sa fille.

279 — Portrait de Mme veuve C....

280 — Idem de Mme la vicomtesse L....

281 — Portrait de M. Vallée père, médecin.

VILLENEUVE (Paul), 33, r. de la Victoire, à Paris.

282 — *Site de Bretagne.

VILLERET, 23, boulevard St.-Martin, à Paris.

283 — *Vue de l'Hôtel-de-Ville de Paris; aquarelle.

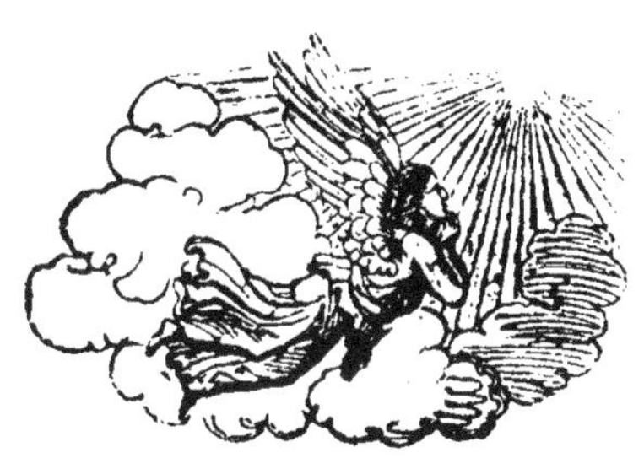

SCULPTURE.

MM.

BESSON (N.), conservateur du Musée de Dôle.

284 — Buste de Mme H... (Plâtre).

BONNET (N.), à Beaune.

Cet habile sculpteur en bois, âgé de 83 ans, a exécuté le morceau suivant pour l'exposition de la société des Amis des Arts de Dijon.

285 — Fleurs et fruits, etc., sous le même numéro.

DARBOIS (Pierre), professeur de sculpture à l'école des Beaux-Arts de Dijon.

286 — Une pécheresse pénitente ; statue en plâtre.

287 — Saint-Bernard ; idem.

288 — Buste de Chartraire de Montigny, dernier trésorier des états de Bourgogne, commandé par M. Cune, qui en fait hommage à la ville de Dijon pour être placé au Musée.

289 — Persée, statuette en argile.

290 — Athlète, idem.

JOUFFROY (François), élève de l'école de Dijon, pensionné à Rome.

291 — Buste colossal du président Jehannin.

MOREAU (J.-B.), à Dijon.

292 — Sapho.

Voulant mettre fin à la passion qu'elle avait conçue pour Phaon, Sapho s'apprête à faire le saut de Leucade. Avant de se précipiter dans les flots, elle pose sa lyre sur le rocher et implore la protection des dieux.

293 — Une dame châtelaine, dans le style du moyen-âge (1350).

294 — Un damoisel; idem.

Ces deux figures sont destinées à la décoration d'une tourelle de genre gothique construite à Champmoron, avec les débris de l'ancien hôtel Bernardon, à Dijon.

Ces deux statues appartiennent à M. Bonnet.

295 — Buste de M. Bellois, de Châlons-sur-Marne.

GRAVURE.

MM.

GALLE, graveur en médailles, membre de l'académie royale des Beaux-Arts de l'Institut, 10, r. de la Chaise, à Paris.

296 — Un cadre de clichés de médailles.

LEFÈVRE (A. D.), 15, quai St.-Michel, à Paris.

297 — Portrait de M. Proudhon, doyen de la faculté de Droit de Dijon, d'après le dessin de M. Firmin Lagier.

MONOT (Pierre), graveur, r. Charrue, à Dijon.

298 — Gravures sur pierre d'après une série de dessins tirés d'un manuscrit du 15e siècle, appartenant à l'hôpital de Dijon. Ces ouvrages ont été faits pour la commission départementale d'antiquités de la Côte-d'Or.

RUHIERRE, 8, r. Monsieur-le-Prince.

299 — * L'attente du bal (gravé d'après le tableau peint par P.-E. Destouches).

300 — * Le Tasse.

Arrivant pour recevoir la couronne de laurier au Capitole, il dit aux cardinaux (Aldobrandins, neveux du pape Clément VIII) et à ceux qui étaient venus en grande pompe au-devant de lui : « Il est trop tard, il n'y a plus d'huile dans la lampe. » En effet, il mourut la veille du jour destiné à la cérémonie.

(Gravé d'après le tableau peint par A.-N. Pérignon).

TEXIER (Victor), 348, r. Saint-Honoré, à Paris.

301 — Quarante-six vignettes.

TOMPSON (J.).

302 — Sujets gravés sur bois, d'après les dessins de M. Lécurieux, pour la nouvelle édition de l'histoire des Ducs de Bourgogne, par M. de Barante, 1837.

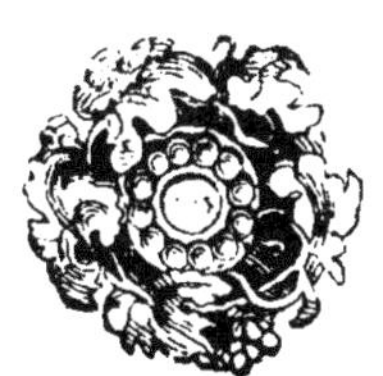

ARCHITECTURE.

MM.

DUPONT (L.), élève de l'école royale d'Architecture, à Paris.

303 — Plan général d'une fontaine projetée pour la ville de Dijon.

304 — Élévation générale du même monument.

305 — Élévation particulière, idem.

Cette fontaine serait élevée à la mémoire des plus grands hommes que Dijon ait vus naître. L'histoire de chacun de ces personnages figure dans chacun des piédestaux qui couronnent la base.

SAGOT (Émile), architecte à Dijon.

306 — Étude d'architecture dans le style de la renaissance, relative à l'histoire des Ducs de Bourbon.

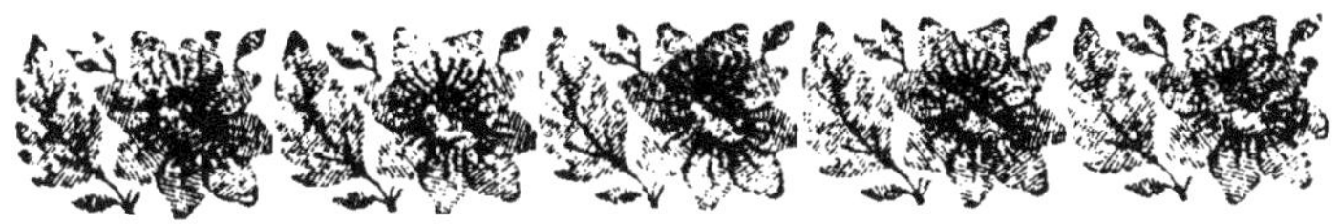

LITHOGRAPHIE.

MM.

MORIN (A.), à Paris.

307 — Les vices assiégeant le crime, d'après la fresque de Raphaël, dessinée par M. Bénigne-Claude Gagneraux.

N.-B. M. Gagneraux est le seul possesseur de toutes les épreuves de cette lithographie. Il demeure rue Berbisey, n° 40, à Dijon.

308 — Plusieurs dessins lithographiques faits pour le Voyage pittoresque en Bourgogne, imprimés par Mme V^e^. A. Jobard, 80, rue de la Liberté, à Dijon.

309 — Six vues de Grenade et de l'Alhambra, faisant partie de l'ouvrage intitulé : *Souvenirs de Grenade et de l'Alhambra*, par M. Girault de Prangey, sous le même numéro. Ces lithographies sont exposées par Mme Ve Jobard, à Dijon.

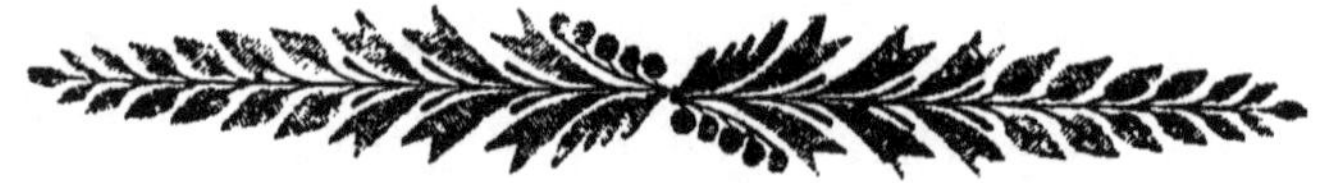

CALLIGRAPHIE.

MM.

ARBEZ, professeur d'écriture, r. Vannerie, à Dijon.

310 — Tableau synoptique des Alphabets majeurs et mineurs des écritures anglaise, ronde, gothique, bâtarde et coulée, avec démonstrations placées en légende.

311 — Tableau des écritures anglaises, grosse, moyenne et fine, sans ornemens.

312 — Pater gothique, avec ornemens.

G.... (Ph.), à Dijon.

313 — Deux pages d'écriture gothique, avec vignettes.

MARIOTTE (Jacques), écrivain des plans du Cadastre et professeur d'écriture, à Dijon.

314 — Deux tableaux d'écritures variées sous le même numéro.

SOCIÉTÉ DES AMIS DES ARTS DE DIJON.

EXPLICATION

DES PRODUITS DE L'INDUSTRIE

EXPOSÉS

dans une salle de l'Hôtel-de-Ville,

LE 10 AOUT 1837.

EXPLICATION

DES

PRODUITS DE L'INDUSTRIE

EXPOSÉS

dans une salle de l'Hôtel-de-Ville,

LE 10 AOUT 1837.

ALBERT (François), maréchal, à Corcelles-les-Monts (Côte-d'Or).

1 — Modèle de charrue exposée en 1834 à Paris.

2 — Coupe-racine.

3 — Charrue propre à la culture du mûrier.

ANDRIOT et Cie, fabricant de chaux hydraulique, à Pouilly-en-Auxois (Côte-d'Or).

4 — Échantillon de Chaux hydraulique.

AULOY-MILLERAND, fabricant de toiles, à Marcigny-sur-Loire (Saône-et-Loire).

5 — Linge de table, uni, ouvré et damassé ; toiles en toutes largeurs, mouchoirs en tous genres. Cette fabrique a obtenu à l'exposition de Paris, en 1834, la seule médaille décernée au linge de table.

BADER puiné, facteur de pianos, à Dijon.

6 — Piano à six octaves et demi.

BADET aîné et **FORGEOT,** filateurs de coton, à Courtivron (Côte-d'Or).

7 — Écheveaux pour trame, chaîne, demi-chaîne, chaîne continue, en pelotes de divers numéros et de toutes nuances; fuseaux pour fabricans de bas, tissus, bonneterie et tricots; mèches pour cierges et chandelles.

BARTHOMIVAT-DESPALEINES et **VIDAL,** propriétaires des sources incrustantes des grottes du Mont-Cornadore, à Saint-Nectaire (Puy-de-Dôme).

8 — Médailles, médaillons et bas-reliefs, formés par le seul dépôt des eaux.

BAVELIER jeune, raffineur, r. du Petit-Potet, à Dijon.

9 — Échantillon de sucre brut de betteraves récoltées dans le département, n° 1.

10 — Échantillon n° 2.

11 — Le même sucre raffiné n° 1. Un pain.

12 — Idem n° 2. Idem.

BAZILE (Maurice), à Châtillon-sur-Seine.

13 — Charrue avec avant-train en fer.

14 — Fer à grain d'orge de rechange.

15 — Houe à cheval pour biner les plantes sarclées.

BELEURGEY (Philibert-Symphorien), à St.-Lô (Manche).

16 — Volutrace, machine à tracer toutes espèces de volutes au moyen d'une manivelle.

17 — Bride à têtière universelle, offrant en une seule les têtières de bride, filet, licol et collier de force.

18 — Fusil se chargeant par le tonnerre.

19 — Cartouchière contenant à volonté jusqu'à 80 cartouches pour le fusil ci-dessus.

20 — Appareil pour réverbères, propre à les faire descendre près du mur et à empêcher l'arrêt de circulation.

21 — Poudrières donnant promptement la charge.

22 — Sac à plomb donnant ensemble ou séparément les deux charges, quel que soit le n° du plomb.

23 — Moule à balles, séparant le jet de la sphère.

24 — Étau à grand écart avec machine à forer qui peut s'y adapter.

25 — Lunette de tour à triangles montés sur un seul conducteur et donnant la facilité de changer le centre à volonté, pour s'en servir sur plusieurs tours ; de faire mouvoir ces triangles ensemble ou séparément, dans le même sens ou en sens opposé ; de trouver le centre, etc.

26 — Mandrin-Triboulet, propre à saisir, centrer

et excentrer toute bague dont la circonférence interne répond à un des diamètres du cône formé par ce mandrin.

27 — Canelle hermétique et de sûreté. Une clé brisée, d'un nouveau système, la rend incrochetable.

BELIN (Bénigne), charron-ferreur, r. Saumaise, à Dijon.

28 — Soufflet de forge à double effet et de forme carrée.

29 — Charrue dite *André-Jean* de la Rochelle, avec quelques changemens.

30 — Même charrue avec substitution de pièces en fer aux pièces de fonte.

31 — Extirpateur anglais à dix-sept dents.

32 — Crochet de timon.

BERTHET (François), graveur sur bois pour fabriques de papiers peints, indiennes et toiles cirées, r. des Carmélites, à Dijon.

33 — Planche en bois gravée avec picots en cuivre, pour impression sur papier peint.

BLUM-BRUNSWICK (Joseph), teinturier à Dijon, 22, r. de la Poissonnerie.

34 — Un cadre renfermant 17 écheveaux de soie végétale teinte de toutes les couleurs.

BLUM frères, propriétaires des verreries d'Épinac, par Nolay (Côte-d'Or).

35 — Bouteilles pour vins mousseux ; elles ont

mérité en 1835 une médaille d'or de première classe décernée par la société d'encouragement de Paris.

BOLOTTE (Auguste), de Dijon, dessinateur pour le commerce, r. Saint-Denis, n° 547, à Paris.

36 — Divers dessins de schals.

BONNET (Adolphe), agriculteur à Champmoron, commune de Daix (Côte-d'Or).

37 — Échantillons de laine.

38 — Fourches.

BORNE (Claude), vannier, r. des Godrans, à Dijon.

39 — Petit lit en osier.

BORSARY, chirurgien-herniaire, r. Vauban, à Dijon.

40 — Bandage.

BOSC-MOROT (Philibert), propriétaire à Beaune.

41 — Trois échantillons de marbre de St.-Romain, carrière du Marsin.

BOUTET, serrurier, r. Dauphine, à Dijon.

42 — Serrure de société, à quatre clés différentes d'entrée, et qui ne peut s'ouvrir sans réunir toutes ces clés.

43 — Coffre-fort en forme de secrétaire.

BRAQUEHAYE, fondeur, r. Saint-Michel, à Dijon.

44 — Bénitier en cuivre.

BRÉON, place des Cordeliers, à Dijon.

45 — Machine propre à utiliser la force superflue de toutes les usines mues par l'eau, la vapeur, etc.

46 — Ruche dite *dodécaèdre* avec ses accessoires. Une pareille a été envoyée par M. Bréon à l'exposition de Paris en 1827.

47 — Ruche dite *rhomboïdale*, propre à être suspendue à un arbre.

48 — Vase rempli de miel vierge, tel qu'il a été placé par les abeilles.

49 — Modèle de caisse propre à contenir des liquides.

50 — Piége à prendre les loirs.

BRUET (Nicolas), professeur de musique, place Saint-Jean, à Dijon.

51 — Méthode de mélographie moderne, ou la *clé de sol* mise à la portée de toutes les voix et de tous les instrumens.

52 — Morceaux écrits d'après cette méthode.

BRUGNOT (Mme veuve), imprimeur, place d'Armes, à Dijon.

53 — SPECIMEN TYPOGRAPHIQUE. — Voyage de Piron à Beaune, publié pour la première fois séparément et avec toutes les pièces accessoires,

accompagné de notes historiques. Dijon, Ch. Brugnot éditeur, 1831.

54 — Poésies, par Charles Brugnot. Dijon, imprimerie de Mme veuve Brugnot, 1833, avec portrait.

55 — Chants du soir; poésies par M. J. Pautet, 1837. — Une page specimen.

56 — Élégies et ballades, par M. J.-B.-Is. Vincent. Dijon, 1837.

BUFFET (Charles), tapissier, r. Chaudronnerie, à Dijon.

57 — Fauteuil de salon.

58 — Table de famille.

59 — Chaise chauffeuse; nouveau modèle.

BUY-FOURNIER, à Morteuil (Côte-d'Or).

60 — Échantillons de soie.

CHAFFOTTE, serrurier, r. de l'École de Droit, à Dijon.

61 — Vis de pressoir.

CHAMSON (Pierre), marbrier, r. Rameau, à Dijon.

62 — Cheminée en marbre bleu-turquin.

63 — Id. en marbre noir.

64 — Id. en brèche.

65 — Tablette en marbre vert de mer.

66 — Cheminée en marbre de St.-Romain (Côte-d'Or).

67 — Tablette en pierre de Chercey (id.).

CHAMBELLAN-FRAPILLON, pépiniériste, faubourg d'Ouche, à Dijon.

68 — Plantes et arbustes de diverses espèces.

COMITÉ D'AGRICULTURE de l'arrondissement de Châtillon-sur-Seine.

69 — Échantillons de laine provenant des béliers qui ont figuré au concours de l'arrondissement dans les années 1836 et 1837.

COMITÉ D'AGRICULTURE de l'arrondissement de Dijon.

70 — Semoir-Hugues.

71 — Charrue américaine.

72 — Petit modèle de charrue.

COULAUX aîné et Cie, à Molsheim (Bas-Rhin).

73 — Faulx en acier fondu laminé.

CUNIER, marbrier, à Beaune.

74 — Deux échantillons de pierre de la Douée.

DAMAS, serrurier-mécanicien, à Semur.

75 — Herse.

76 — Machine à broyer la pomme de terre

DARBOIS (Arthur), maître de forges à Diénay (Côte-d'Or).

77 — Échantillon de fers.

78 — Minerais de diverses qualités.

DARBOIS, propriétaire à Diénay (Côte-d'Or).

79 — Échantillons de laine.

DARTOIS et Cie, r. Neuve, à Besançon.

80 — Pendule (grande) à mécanisme breveté.

81 — Id. (petite).

82 — Baromètre à aiguille.

83 — Étiquette de Billard.

84 — Moulures de cuivre pour fermeture de magasin et garniture d'ameublemens.

DAVID-BRUNSWICK, dégraisseur, r. St.-Jean, à Dijon.

85 — Habit dégraissé.

DEBROYE, tailleur de cristaux, r. Vannerie, à Dijon.

86 — Vases en cristal.

87 — Porte-liqueurs.

88 — Verre d'eau et plusieurs pièces taillées.

DEJUSSIEU, imprimeur à Autun.

89 — Specimen typographique. — Annales de la ville d'Arnay-le-Duc en Bourgogne, par M. Lavirotte, inspecteur des finances à Autun.

DENOUVION et Auguste **MARCAND**, blanchisseurs de toiles, faubourg d'Ouche, au Chinois, à Dijon.

90 — Toiles blanchies par des moyens chimiques.

91 — Bas id.

92 — Fil id.

93 — Chanvre en filasse id.

94 — Lin id.

95 — Chanvre qui n'a pas subi de rouissage, id.

96 — Pièces de linge lessivées à la vapeur et calendrées.

DENUIS-PAILLET, propriétaire à Clénay (Côte-d'Or).

97 — Fécule de pomme-de-terre.

98 — Sirop de fécule.

99 — Sucre de fécule.

DESROSIERS, imprimeur-éditeur, à Moulins, (Allier).

100 — Specimen typographique. — L'ancien Bourbonnais (histoire, monumens, mœurs, statistique), par Achille Allier, et continué par Ad. Michel, gravé sous la direction d'Aimé Chenavard, par une société d'artistes.

101 — La Jolie Fille de la Garde, ballade bourbonnaise, dessinée par Achille Allier et gravée à l'eau forte par Célestin Nanteuil.

102 — Les douze dames de rhétorique, par

Maistre Johan Robertet, publiées pour la première fois, d'après les manuscrits de la bibliotèque royale, avec une introduction, par Louis Batissier, et les miniatures originales reproduites en taille-douce par Schaal.

DOMPMARTIN, directeur de l'établissement orthopédique, faubourg St.-Nicolas, à Dijon.

103 — Lit mécanique.

104 — Fauteuil à corset.

DORLIN, taillandier, r. Maison-Rouge, à Dijon.

105 — Doloire.

DOUILLIER (Alexandre), imprimeur-lithographe et libraire, 104, r. des Godrans, à Dijon.

106 — *Produits de sa fonderie :* En Caractères romains, italiques, anglais, allemands et gothiques; accolades, filets ornés, vignettes, fleurons; — Specimen d'une partie de ses caractères.

107 — *Stéréotypie :* Pages du plus grand format qu'on puisse stéréotyper d'une seule pièce; d'autres de formats inférieurs; états ou tableaux à colonnes réglés comme ils le seraient par la taille-douce ou la lithographie; réglure typographique de son invention; carte géographique stéréotypée, se reproduisant à l'infini; figures gravées en relief et stéréotypées, imitant la taille-douce, s'imprimant sur les presses ordinaires.

108 — *Imprimerie :* Specimen de divers caractères; exemplaires d'une brochure sur le Siège de Dijon en 1513, en lettres dorées, rouges et sur papier de couleur; exemplaire du Cours d'agriculture, traduit de l'Allemand.

109 — *Lithographie :* Feuille d'échantillons de divers genres.

110 — *Reliure et Réglure :* Registre grand-livre de grand format dit *Colombier*, réglé de diverses couleurs, reliure élastique, dos en fer divisé, garni en cuivre et fermant avec serrure à plusieurs clés.

DUBARRY (Jean-Baptiste), constructeur d'instrumens de physique et de mathématiques, r. Berbisey, à Dijon.

111 — Machine électrique.

112 — Balance d'essai.

113 — Id. de précision pesant le kilogramme.

114 — Id. ordinaire.

115 — Méridien à temps moyen.

116 — Méridien sur marbre.

117 — Grand hygromètre de Saussure.

DUVALDESTIN (Jean-Louis), opticien, place d'Armes, à Dijon.

118 — Longues vues de nouvelle forme et à diamètre de 27 à 40 lignes.

119 — Instrumens d'arpentage et de mathématiques.

Établissement sérigène de MM. **BEAUREPÈRE** et **LAPERTOT**, à Marsannay-la-Côte (Côte-d'Or).

120 — Soie blanche de vers-à-soie de 1837. Chaque brin de soie de cet échantillon contient quatre fils.

121 — Soie jaune, provenant de la même éducation. Chaque brin de soie de cet échantillon contient quatre fils.

FAIENCERIE du faubourg St.-Nicolas, à Dijon.

122 — Produits divers.

DE FLAMMERANS, propriétaire à Flammerans (Côte-d'Or).

123 — Blé de Belgique.

124 — Sarrazin de Tartarie.

FLEUROT, directeur-conservateur du Jardin botanique, à Dijon.

125 — Une corde de 7 pieds et demi de longueur et de 8 lignes de diamètre faite avec l'écorce de l'Abutilon napée, *sida napœa*, *cav.*, plante de l'ordre des malvacées, cultivée au Jardin botanique de Dijon.

126 — Deux tiges sèches de la même plante.

127 — Écorce séparée des tiges.

128 — N° 1. Racines sèches de garance des teinturiers, *rubia tinctorum*, L. Ces racines proviennent d'un semis qui a été fait au jardin botanique en avril 1834.

129 — N° 2. Racines de garance sauvage, *rubia peregrina*, L. Ces racines ont été recueillies au Mont-Afrique, près Dijon.

130 — N° 3. Deux échantillons de tissus de coton teints sans addition de craie avec de la garance n° 1, n'ayant que deux ans de plantation; l'un de ces échantillons sort du bain de teinture, l'autre est avivé.

131 — N° 4. Deux autres échantillons teints avec la même garance, mais avec addition d'un gramme de craie pour deux livres d'eau distillée et un pied carré de toile; l'un sortant du bain de teinture, l'autre avivé.

132 — N° 5. Deux échantillons teints avec la garance sauvage n° 2, sans addition de craie, l'un sortant du bain de teinture, l'autre avivé.

133 — N° 6. Deux autres échantillons teints avec la même garance, mais avec addition de craie dans les proportions et les conditions du n° 4; l'un sortant du bain de teinture, l'autre avivé.

134 — N° 7. Comme moyen de comparaison, deux échantillons teints avec la garance d'Alsace sans addition de craie; l'un sortant du bain de teinture, l'autre avivé.

135 — N° 8. Deux autres échantillons teints avec la même garance, mais avec addition d'un gramme et demi de craie; l'un sortant du bain de teinture, l'autre avivé.

136 — N° 9. Comme moyen de comparaison, un échantillon teint avec de la garance d'A-

vignon sans addition de craie; l'un sortant du bain de teinture, l'autre avivé.

FLESSIÈRE (Jean), faubourg d'Ouche, à Dijon.

137 — Colle forte, première qualité à l'usage des menuisiers.

138 — Idem, 2e qualité pour la chapellerie et l'apprêt des tissages.

139 — Huile de pied de bœuf.

FONDERIE de Dijon, faubourg d'Ouche, près le canal.

140 — Roues d'engrenage en fonte brute.

141 — Médaillon en fonte.

142 — Parties de balcons en fonte.

143 Diverses pièces d'ornement en fonte.

144 — Paire de cylindres trempés, tournés et polis pour laminage du plaqué.

145 — Poulie fondue sur son arbre et tournant dans sa chappe, le tout coulé ensemble, sans ajustage.

146 — Petit volant avec bras en fer coulés dans la fonte.

147 — Support de tour monté sur ses patins.

148 — Machine à vapeur, de la force de six chevaux à tige centrale (système breveté).

149 — Petite chaudière à vapeur en tôle rivée.

150 — Table de cylindre cassée par le milieu pour en montrer la partie extérieure trempée, et la partie intérieure en fonte douce.

FOUREY, tourneur, r. Charrue, à Dijon.

151 — Chaise-chauffeuse.

152 — Fauteuil d'enfant.

FREMIET, propriétaire à Messigny (Côte-d'Or).

153 — Engrais animal.

154 — Échantillons de laine.

155 — Miel en blanche et coulé de la ruche des bois.

156 — Épis d'orge de Bosnie, importé en 1823.

FRILLIÉ (Jean-Baptiste), à Dijon.

157 — Enreillage.

158 — Palonnier à dételer (fait par M. Joanne, de Dijon).

GANDAIS, orfèvre plaqueur du roi, rue du Ponceau, n. 42, et Palais-Royal, n. 118, à Paris (Première médaille d'argent à l'exposition de 1834).

159 — Divers ouvrages en plaqué.

GANDILLOT frères, fabricans de fers creux laminés, r. Bellefonds, à Paris. Même établissement à Besançon.

160 — Lit en fer creux.

161 — Table idem.

162 — Banc de jardin, idem.

163 — Chaises de diverses formes, idem.

GÉRARD (Auguste), peintre-décorateur, r. Buffon, à Dijon.

164 — Étude d'ornement peint sur toile.

DE GIRVAL (N.), propriétaire-cultivateur à Boussenois près Selongey (Côte-d'Or).

165 — Échantillons de laines, *lavées à dos*, du troupeau de mérinos, race pure, conservé à Roville, sans aucun mélange, par MM. Berthier et de Dombasle. Ce troupeau appartient actuellement à MM. de Girval, à Boussenois, près Selongey.

GODARD, relieur, r. La Monnoye, à Dijon.

166 — Voyage pittoresque en Bourgogne, relié.

GODIN, à Châtillon-sur-Seine (médaille d'argent à l'exposition de 1834).

167 — Toison de laine de Bélier, race pure électorale de Saxe, importée en 1828.

GUÉRINOT (Étienne), relieur, r. de l'École-de-Droit, à Dijon.

168 — Deux volumes reliés.

GUICHARD-LOYS, tourneur, r. Saint-Jean, à Dijon.

169 — Rouet à filer.

GUILLEMIN-LAMBERT, arquebusier breveté, à Autun.

170 — Deux mousquetons de son invention.

Ces armes ont valu à l'auteur une mention honorable à l'exposition de Paris en 1834, et en 1837 une médaille décernée par la société d'encouragement.

HANRIOT, directeur de l'école théorique et pratique d'horlogerie et de mécanique, faubourg St.-Pierre, à Dijon.

171 — Régulateur à ressort marchant 8 jours, nouvel échappement à force constante.

172 — Régulateur à poids fusée, axillaire, échappement à chevilles.

173 — Régulateur à poids fusée axillaire, échappement de Graham; les levées en acier devront être remplacées par d'autres en rubis, fait par M. Grégoire Hanriot.

174 — Montre marine, avec pyromètre, phases de lune, indication de remontoir, nouvel échappement à force constante.

175 — Pendule à quarts et répétition à trois corps de rouages, échappement d'Arnold, faite par M. Grégoire Hanriot.

176 — Pendule ordinaire à sonnerie, exposée pour un nouvel échappement libre.

177 — Pendule simple à réveil, marchant un mois, faite par M. Millon, élève de l'école.

178 — Pendule simple à réveil, marchant 15 jours, faite par M. Luard, élève.

179 — Pendule simple à réveil, marchant un mois, faite par M. Vessigand, élève.

180 — Pendule à quarts à répétition et répétant à volonté l'heure à chacun des quarts en passant ; échappement à ancre, balancier circulaire. Cette pièce est de nouvelle invention ; elle a été faite par M. Millon.

181 — Pendule semblable à celle numéro 10 ; mais n'ayant pour les deux rouages qu'un seul moteur, et un seul marteau pour les quarts ; échappement à ancre ordinaire.

182 — Petite horloge à quarts (pour château) ; deux corps de rouages pouvant lever un marteau de trois livres, marchant 8 jours, à 25 pieds de chûte (nouvelle invention), faite par M. Emile Blumm.

183 — Pendule à quarts à deux rouages devant remplir les mêmes fonctions que celle n° 10. Cette pièce en confection est de M. Emile Blumm.

184 — Montre calibre Lépine, échappement d'Arnold, faite par M. Félix Hanriot.

185 — Pendule à heures et demie et à réveil, échappement à ancre, balanciers circulaires, faite par M. Pétillot.

JACQUINOT, secrétaire de la Mairie, à Nuits (Côte-d'Or).

186 — Échantillons de soie blanche provenant de sa récolte de 1837.

JEANNIN-CANET, fabricant de tapis, à Autun.

187 — Tapis de poil de bœuf.

JEANNIN-SIMON, fabricant de tapis, à Autun.

188 — Tapis de poil de bœuf.

JOBARD (Mme veuve), imprimeur-lithographe, r. de la Liberté, à Dijon.

189 — Voyage pittoresque en Bourgogne.

190 — Liste chronologique des évêques de Langres.

191 — Impressions lithographiques en deux teintes.

192 — Vues de Grenade et de l'Alhambra.

JOANNE frères, de Dijon, r. Sainte-Avoye, à Paris.

193 — Lampes à courant d'air, brûlant blanches de mèches, brevetées d'invention et de perfectionnement.

JOUBERT (André), épinglier, r. Poissonnerie, à Dijon.

194 — Assortiment de pointes de souliers.

JUSSEAUME (Charles), r. Rameau, à Dijon.

195 — Une main postiche mécanique exécutée pour un ancien militaire mutilé.

LAURENT (Pierre-François), menuisier-ébéniste, à Vitteaux (Côte-d'Or).

196 — Rabot-racloir à unir les surfaces destinées à être poncées.

LECHENET, charpentier, à Plombières-lès-Dijon (Côte-d'Or).

197 — Coupe-racine à disque, de M. de Dombasle, perfectionné dans sa fabrication.

LEISTESCHNEIDER (Ferdinand), fabricant de papiers à Poncey, canton de St.-Seine-l'Abbaye (Côte-d'Or).

198 — Ruche en paille cousue de fil de laiton enduite de chaux et de pâte à papier.
199 — Papier séché par un nouveau procédé.
200 — Machine à filer et à cabler des cordes de paille.

LEMONNIER, mécanicien à Châtillon-sur-Seine.

201 — Égrappoir propre à séparer les corps étrangers du minerai de fer.
202 — Mouffles de son invention.

LEPAUL, fabricant de serrures, à Plombières-les-Bains (Vosges).

203 — Serrure de luxe.
204 — Autre Serrure.

LEVY (Moïse), fabricant de vermicelle, r. du Château, à Dijon.

205 — Caisse renfermant quatre façons de vermicelle et quatre façons de nouilles.

LIGNIÉ, r. Piron, à Dijon.

206 — Gravures peintes et fixées sur verre.

207 — Cadres dorés sous verre.

LIGNIÉ (Mme), ouvrière en corsets, r. Piron, à Dijon.

208 — Corset à roulettes.

LORILLIARD, mécanicien, à Nuits (Côte-d'Or).

209 — Broie mécanique à teiller le lin et le chanvre sans rouissage.

210 — Machine à serancer et à peigner par seize poignées à la fois le lin et le chanvre rouis.

211 — Appareil propre à empêcher les vents et le soleil de refouler la fumée dans les appartemens.

212 — Poële en fonte pour le charbon de terre à feu visible, chauffe-plat et porte-en-devant pour allumer le feu.

213 — Autre poële (modèle en bois), qui peut être placé dans les cheminées d'appartement, sans que son placement ou son déplacement causent aucune dégradation.

LUCAN (Mme), orfèvre, r. de la Liberté, à Dijon.

214 — Ouvrages en cheveux.

MAGNIEN, chaudronnier, à Semur.

215 — Casquette faite au marteau avec une planche en cuivre.

216 — Vase id.

MAGNIEN, ferreur, r. de la Liberté, à Dijon.

217 — Racle pour nettoyer les cheminées.

218 — Ressorts de voiture.

MAIRE (Antoine-Joseph), marchand de laines, r. Berbisey, à Dijon.

219 — Toisons de laine.

220 — Laine peignée dans les ateliers de M. Plivard, manufacturier à Belan (Côte-d'Or).

MAITRE, relieur, place St.-Jean, à Dijon.

221 — Volume in-folio relié (la Henriade de Voltaire).

222 — Six volumes d'une reliure ordinaire (traduction de Tacite).

MAITRE (Joseph), propriétaire à Villotte près Châtillon (Côte-d'or).

223 — Échantillon de laine.

MAMIOT, cartonnier, place du Morimont, à Dijon.

224 — Pendules.

225 — Table.

226 — Casque à l'usage des théâtres

227 — Grande croix chevalière.

MANHEIMER, fabricant de papiers peints, r. des Étioux, à Dijon.

228 — Papier Damas, fond cramoisi, velouté et doré avec sa bordure.

229 — Idem, idem, vert, en picotage imitant la taille-douce.

230 — Dessin égyptien doré, fond blanc satin.

231 — Marbre pour salle à manger, fond vert avec soubassement.

232 — Planches servant à l'impression des papiers.

MARILLIER (Nicolas), tapissier, r. Jehannin, à Dijon.

233 — Croisée drapée bleu-blanc avec store peint et rouleau à ressort.

MELIGNE, coiffeur, r. Rameau, à Dijon.

234 — Tours en cheveux.

MENUISIER et Cie., fabricans de ciment romain, à Pouilly-en-Auxois (Côte-d'Or).

235 — »

236 — Ciment Lacordaire.

237 — Bustes faits avec ce ciment.

MEUGNIOT (François), à la Maison-Neuve, commune de Précy-sous-Thil (Côte-d'Or).

238 — Charrue à bascule.

239 — Versoir breveté.

MOITON-LÉVÊQUE, doreur, rue des Forges, à Dijon.

240 — Cadre doré avec dessins en relief.

NAGEOTTE, tabletier, à Villaines-en-Duesmois (Côte-d'Or).

241 — Tabatières.

242 — Flacons.

NOELLAT père, ancien professeur et géographe, r. des Forges, à Dijon.

243 — Cartes géographiques : nouvelle carte physique, politique, classique et routière de l'Europe, où se trouvent indiqués les empires, royaumes, républiques et autres états souverains d'après les derniers traités : 1836. Exemplaires sur foulards. — La même carte *muette* à l'usage des élèves et des professeurs.

244 — Nouvelle carte de France politique, industrielle, commerciale, classique et routière divisée en 86 départemens, avec la population de chaque chef-lieu, leur distance de Paris en lieues de poste, et indiquant les montagnes, les canaux, les chemins de fer, les villes fortifiées, les routes départementales, les bureaux de poste, les académies, cours royales, etc., etc. Exemplaires sur foulards.

245 — Nouvelle carte topographique, statistique et routière du département de la Côte-

d'Or, réduite de la grande carte de Cassini et corrigée sur les lieux par MM. les ingénieurs géographes et géomètres du cadastre. 1836.

246 — Même carte du département de Saône-et-Loire.

247 — Même carte du département du Rhône.

248 — Nouvelle carte statistique et routière des départemens de la Côte-d'Or, de Saône-et-Loire et de la Haute-Marne, formant le ressort de la cour royale de Dijon, et celui de l'académie universitaire de la même ville.

249 — Nouvelle carte statistique, administrative, hydrographique et routière des 36 cantons et 727 communes formant le département de la Côte-d'Or, dressée sur les lieux, et dédiée aux habitans du département. 1836.

250 — Même carte du département de Saône-et-Loire.

251 — Même carte du département de la Haute-Marne.

NOGENT (Gonzalve de), à Rouvres (Côte-d'Or).

252 — Table anglaise.

OUDOT fils aîné, marchand de papiers et fabricant de registres, place Saint-Michel, à Dijon.

253 — Registre grand-livre réglé long et travers.

254 — Registre-livre d'inventaire, fermant à serrure.

PANIER, vieille rue du Temple à Paris, médaille décernée à l'exposition de 1834.

255 — Une boîte de couleurs en flacons, préparées pour la peinture à la gouache vernie.

PARIS, maître de chapelle et organiste de la cathédrale, r. St.-Philibert, à Dijon.

256 — Harmoniphon à trois octaves, en bois de palissandre et à couvercle brisé.

257 — Idem en bois d'acajou ronceux, fermant par deux serrures, pupitre à l'intérieur.

258 — Harmoniphon dit 27 touches, en bois de palissandre avec double incrustation et à console.

259 — Soie grège ; récolte de 1837.

260 — Branches de cocons de la même récolte.

261 — Échantillons de racines de garance.

PECHINOT, fabricant de bas, r. St.-Michel, à Dijon.

262 — Paire de bas et gants fabriqués avec la bourre de soie récoltée en 1836 dans l'établissement serigène de MM. Beaurepère et Lapertot à Marsannay-la-Côte (Côte-d'Or).

PÉRIER et compagnie, manufacturier à Vitteaux (Côte-d'Or).

263 — N° 1. Échantillon laine brute, première qualité.

264 — 2. Laine peignée; prime.

265 — 3. Idem, première qualité, produit de laines brutes semblables.

266 — 4. Blouses, idem à l'échantillon, n° 1.

267 — 5. Laine peignée, première qualité, préparée pour la filature.

268 — 6. Laine filée, première qualité, trame n° 62, en fusées.

269 — 7. Idem, idem chaîne n° 45, en flottes.

270 — 8. Idem, idem n° 62, pour tricot.

271 — 9. Pièce de mérinos 5/4.

272 — 10. Pièce de mousseline-laine 2/3.

PIFFRE dit **TOULOUSE**, mécanicien à Vitteaux (Côte-d'Or).

273 — N° 1. Soie.

274 — 2. Décret du n° 1er.

275 — 3. Fantaisie provenant du n° 2.

276 — 4. Provient de la fantaisie du n° 3.

277 — Fil mouliné et doublé au n° 60 pour chaîne.

278 — Fil plat pour bonneterie, au n° 25.

279 — Fil mouliné pour chaîne, au n° 40.

280 — Fil 2/3 laine et 1/3 fantaisie pour trames au n° 50.

281 — Fil de laine pour chaîne. Ce fil a subi une préparation qui lui donne plus de douceur et de consistance.

282 — Fil grosse laine au n° 16. Cette laine n'a pas été peignée ni savonnée.

283 — Fil de lin filé au n° 10,000 mètres à la livre et au continu.

284 — Idem, idem, et filé par Muligny.

285 — Tresse en laine pour chaussons fabriqués à Vitteaux.

PINÈGRE (François), peintre et vitrier, place St.-Michel, à Dijon.

286 — Lettres dorées sur verre.

POIFOL (Antoine), serrurier, r. Pouffier, à Dijon.

287 — Serrure de sûreté et à secret.

PORCHERET fils, forgeron-taillandier, à Beaune.

288 — Doloire.

PROST-FOURNIER, ferblantier-lampiste, à Beaune.

289 — Cinq modèles de lampes sans couronne, à appareil hydraulique et brevetées.

POUCHETTI, mouleur, place St.-Étienne, à Dijon.

290 — Pastillages.

QUARRÉ, sculpteur, à Autun.

291 — Fauteuil de forme gothique.

RAILLARD-ROBERT, serrurier-mécanicien à Vanvey (Côte-d'Or).

292 — Pompe contre l'incendie à cylindre circulaire et à mouvement rotatif.

RENARD, peintre-décorateur, r. de l'École-de-Droit, à Dijon.

293 — Toile peinte avec encadrement imitant l'érable des îles.

RENARD (Mme), ouvrière en corsets, r. de l'École-de-Droit, à Dijon.

294 — Corset dit le *Menteur*, pour déguiser les difformités de la taille.

RICHARD, marbrier, à Auxey (Côte-d'Or).

295 — Échantillons de marbre du pays.

RICHARME, quincaillier, r. Bossuet, à Dijon.

296 — Miroirs d'alouettes à mécanisme nouveau.

RIMELLE (Joseph), marbrier, r. Saumaise, à Dijon.

297 — Cheminée de marbre bleu-fleuri.

ROLLÉ (Frédéric), et **SCHWILGUÉ**, mécaniciens brevetés, à Strasbourg.

298 — Balance-bascule, forme triangulaire, de la force de 500 kilo.

299 — Idem forme carrée de la même force.

300 — Table de ménage faisant balance de la force de 50 à 60 kilo.

301 — Pompe à incendie portative, dite pompe à hotte et à manivelle.

302 — Cric à double engrenage de la force de 8,000 kilo.

303 — Presse à timbre sec.

ROMAGNESI, sculpteur, fabricant de carton-pierre, r. Paradis-Poissonnière, à Paris.

304 — Statuettes, pendules, vases, ornemens d'église, décors d'architecture, etc.

SABATIER, scieur de long, r. Dubois, à Dijon.

305 — Placage.

SAINT-EVE, à Besançon.

306 — Ornemens en fer de seconde fusion.

SIMONNOT-CARION, imprimeur, élève de Firmin Didot père, rue Verrerie, n° 2 *bis*, à Dijon.

307 — L'*Imitation de Jésus-Christ*, traduction nouvelle, par J.-B. Simonnot, édition *princeps*, grand in-8°, sur jésus vélin satiné.

308 — *Paul et Virginie*, in-12 tiré in-8°, sur carré vélin de Rives.

309 — *Traité de Chronologie historique*, par M. Savagner, in-8°.

310 — *Heures choisies*, de Mme la marquise d'Andelarre, in-18, grand Raisin; édition ornée.

SIRODOT, maître de forges, à Bèze (Côte-d'Or).

311 — Tôles en acier raffiné.

SULOT père, professeur de musique, place Notre-Dame, à Dijon.

312 — Violon.

313 — Guitare.

314 — Basse.

Ces objets ont reçu un brevet d'invention.

TALET (François), sellier-carrossier, r. de la Liberté, à Dijon.

315 — Char-à-bancs à quatre roues monté sur un train à cou de cygne.

THEURIET, cartonnier, place du Morimont, à Dijon.

316 — Cadre à gorge, garni de papier d'or mat, avec ornemens en or bruni sur les angles.

317 — Autre en bois de peuplier, garni de bordures à dessin en relief.

318 — Id., de plus petite dimension.

319 — Arcs de triomphe en carton avec cariatides.

320 — Vase cartonné et garni d'or fin.

THEVENIN, imprimeur-lithographe, à Châtillon-sur-Seine.

321 — Pierres lithographiques des carrières de Châtillon.

THIAFFAIT père et fils, manufacturiers, rue St.-Jean, à Dijon.

322 — Laine-mérinos cardée, filée n° 40, pour bas.

323 — Trame napolitaine n° 30.

324 — Chaîne napolitaine à 26.

325 — Coupe napolitaine.

326 — Échantillons de laine pour bas, 2e qualité, n° 34.

THIEBAULT (Louis-Joseph), ferblantier-lampiste, r. Buffon, à Dijon.

327 — Baignoire.

328 — Rôtissoire ou cuisinière de nouveau modèle.

THOMASSIN frères, fumistes, r. Buffon, à Dijon.

329 — Appareils de cheminée.

330 — Calorifère en fonte et en cuivre.

331 — Cheminée-poele avec colonnes.

TURLIN, maître de forges, à Is-sur-Tille.

332 — Fer fabriqué à la houille.

333 — Fonte de chasse fabriquée à la houille.

VALSON et **ROGER**, fabricans de tonneaux et feuillettes à la mécanique, à Nuits (Côte-d'Or).

334 — Tonneau.

VAUFROUARD-PLIVARD, fabricant de laines peignées, à Belan-sur-Ource (Côte-d'Or).

335 — Échantillon de laine peignée.

VIÉNOT (Pierre), propriétaire, à Premeaux (Côte-d'Or).

336 — Échantillon de soie provenant de la récolte de cette année.

VILIN, peintre-décorateur, r. Buffon, à Dijon.

337 — Panneau représentant des faux-bois et de l'écaille peints d'après nature.

338 — Panneau représentant un livre gothique ouvert.

339 — Lettres pour enseigne.

UHLER aîné, mécanicien, faubourg de la porte de la Liberté, à Dijon.

340 — Laminoir à fabriquer les corniches en cuivre des poëles.

341 — Modèle de poulie en fonte.

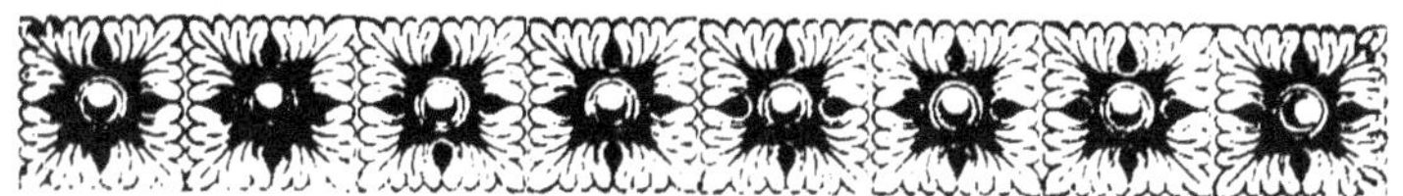

INDUSTRIE.

SUPPLÉMENT.

(Objets envoyés pendant l'impression du Livret).

MM.

BARBEROT, propriétaire, à Corgoloin (Côte-d'Or).

342 — Échantillons de laines propres au peigne.

CLERC, tabletier, à Moiran (Jura).

343 — Tabatières en racines de buis.

COIRET, de Dijon, fabricant, r. St.-Denis, n° 350, à Paris. Brevet d'invention et de perfectionnement.

344 — Espagnolettes dites *Pantoclics*, nouveau système de fermeture de croisées.

www.ingramcontent.com/pod-product-compliance
Ingram Content Group UK Ltd.
Pitfield, Milton Keynes, MK11 3LW, UK
UKHW020352180726
13839UKWH00003B/1060